Oscurità sulla Costa d'Avorio:

Il caso di Laurent Gbagbo come lezione per il resto dell'Africa

Janvier Tchouteu

TISI BOOKS

NEW YORK, RALEIGH, LONDON, AMSTERDAM

PUBBLICATO DA TISI BOOKS
www.tisibooks.com

Titoli di Saggistica di Janvier T. Chando

ICONE E CATTIVI: I Recenti Omicidi Politici che Hanno Trasformato…
CAMERUN: Il Sistema di Marionette Disfunzionali della Francia…
EROI CADUTI: I Leader Africani i cui Assassinazioni…
UCRAINA: Il Tiro Alla Fune Tra Russia e Occidente
CAMERUN: Il Cuore Infestato dell'Africa

Titoli di Finzione di Janvier Chando

L'Usurpatore: e Altre Storie
Agente Triplo, Doppia Croce
Discepoli della Fortuna
L'Unione Muzhik
Il Flash del Sole
La Chiamata della Fortuna
Il Maestro della Fortuna
I Figli della Fortuna
Lo Prima di Loro
La Leggenda di Fuoco e Ghiaccio
Le Nonne e l'Amore Perfetto
Le Sfumature del Fuoco
Il Fuoco della Fame
La Più Dolce Follia
Padre e Figli
Il Dottore
Tonalità Scure
Legami Fatidici
Il Verdetto dell'Ade
La Prova di sua Maestà
Follia di Ngoko
L'Usurpatore
La Dote
Sono odiato
L'Allocco

Prossimi Titoli di Janvier Chando

Il Falco Bianco
I Incostante di Casa
Gli Orsi di Norilsk
Gli Amici Mortali

Riconoscimento

Grazie alla diaspora camerunense la cui difficile situazione è servita da fonte di ispirazione per questa espressione di ciò che attende il nostro amato Camerun.

Dedizione

Questo racconto è dedicato alla memoria amorevole del Dr. Samuel F. Tchwenko, e ai nostri padri che erano patriottici nelle loro parole e azioni, e che hanno abbracciato i loro connazionali senza avere alcun pregiudizio.

Oscurità sulla Costa d'Avorio:

Il caso di Laurent Gbagbo come lezione per il resto dell'Africa

Contenuto

Mappe

Costa d'Avorio su una mappa del mondo

Mappa della Costa d'Avorio in Africa

Mappa Politica dei Paesi Africani

Mappa di Partizione dell'Africa: 1884-1914

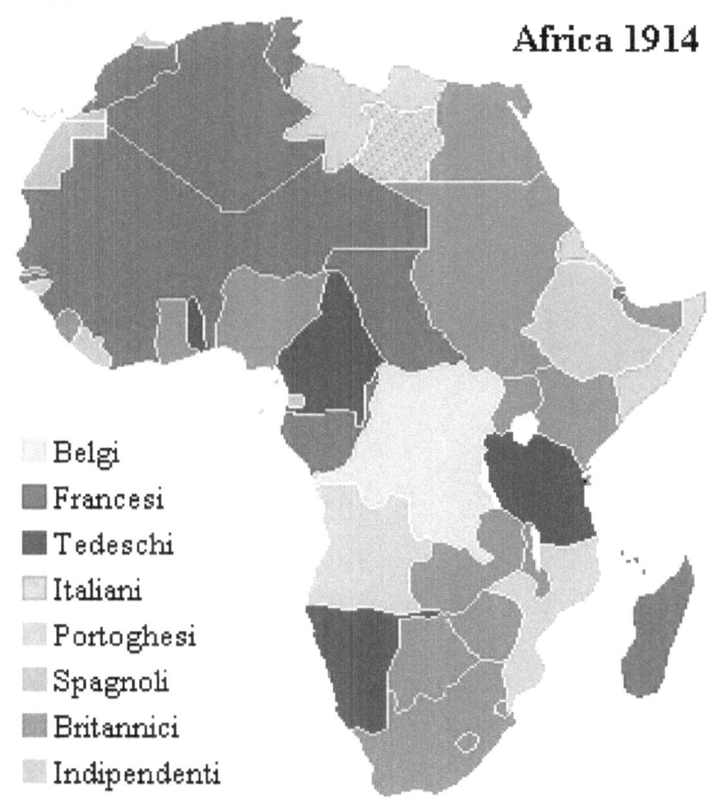

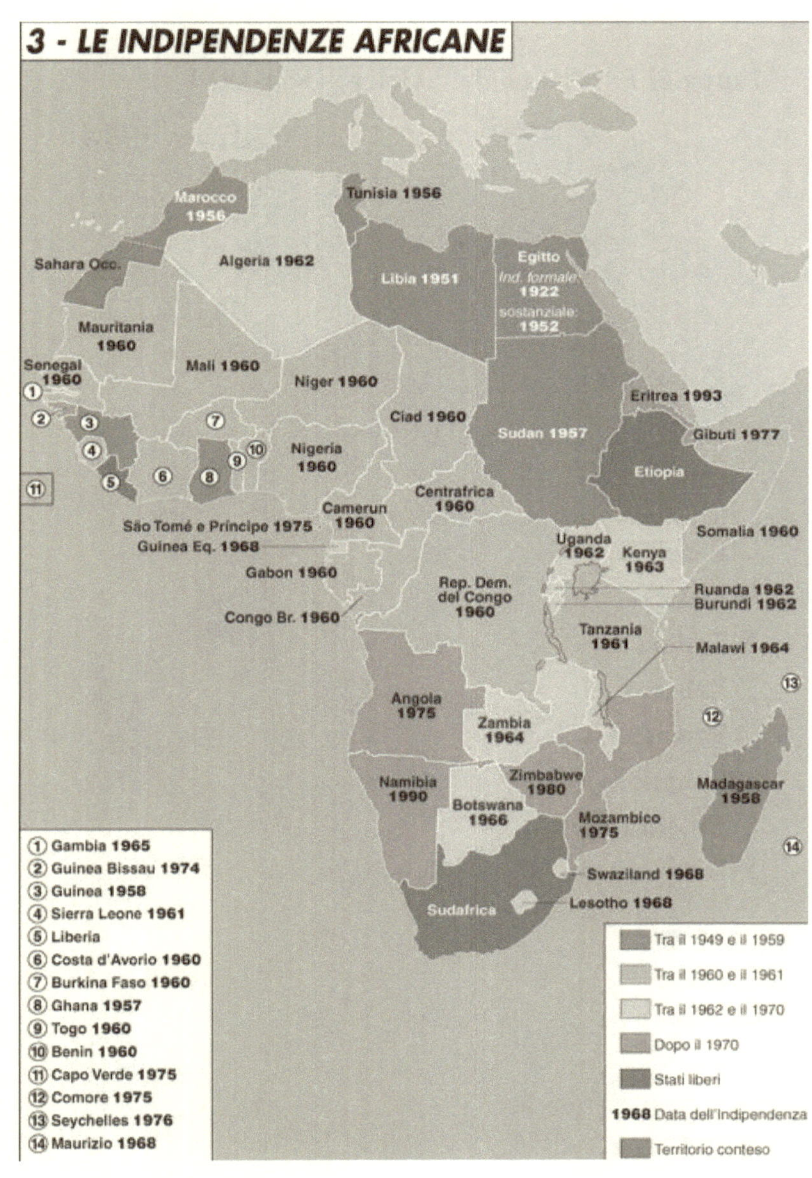

3 - LE INDIPENDENZE AFRICANE

Marocco 1956
Tunisia 1956
Sahara Occ.
Algeria 1962
Libia 1951
Egitto Ind. formale 1922 sostanziale: 1952
Mauritania 1960
Senegal 1960
Mali 1960
Niger 1960
Ciad 1960
Eritrea 1993
Sudan 1957
Gibuti 1977
Etiopia
Nigeria 1960
Centrafrica 1960
Somalia 1960
São Tomé e Príncipe 1975
Camerun 1960
Guinea Eq. 1968
Uganda 1962
Kenya 1963
Gabon 1960
Rep. Dem. del Congo 1960
Ruanda 1962
Burundi 1962
Congo Br. 1960
Tanzania 1961
Malawi 1964
Angola 1975
Zambia 1964
Namibia 1990
Zimbabwe 1980
Madagascar 1958
Botswana 1966
Mozambico 1975
Swaziland 1968
Lesotho 1968
Sudafrica

1 Gambia 1965
2 Guinea Bissau 1974
3 Guinea 1958
4 Sierra Leone 1961
5 Liberia
6 Costa d'Avorio 1960
7 Burkina Faso 1960
8 Ghana 1957
9 Togo 1960
10 Benin 1960
11 Capo Verde 1975
12 Comore 1975
13 Seychelles 1976
14 Maurizio 1968

Tra il 1949 e il 1959
Tra il 1960 e il 1961
Tra il 1962 e il 1970
Dopo il 1970
Stati liberi
1968 Data dell'indipendenza
Territorio conteso

Valutazioni Sulla Democrazia dei Paesi Africani

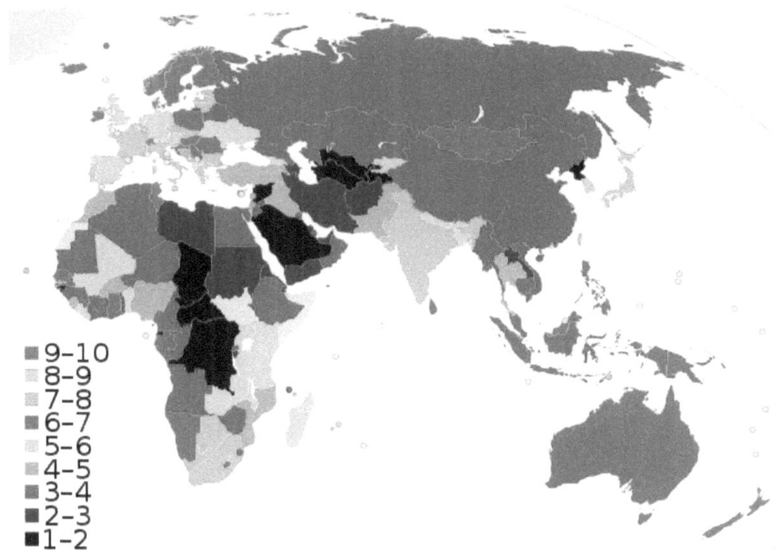

La Misura della Libertà dei Paesi del Mondo

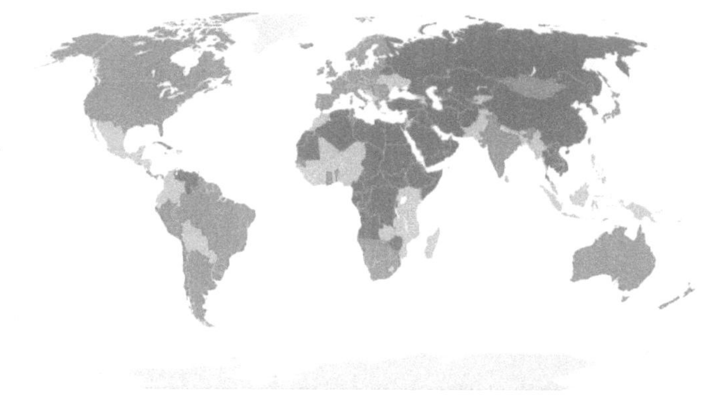

Citazioni

"Non dimenticherò mai il momento in cui, per la prima volta, ho sentito e capito la tragedia della colonizzazione. [...] Da quel giorno mi vergogno del mio paese. Da quel giorno non posso incontrare un indocinese, un algerino, un marocchino, senza voler chiedere perdono. Perdona tutti i dolori, tutte le umiliazioni che sono state fatte soffrire, che abbiamo fatto soffrire il loro popolo. Perché il loro oppressore è lo Stato francese, questo lo fa a nome di tutti i francesi, quindi anche, per una piccola parte, a mio nome. Ecco perché, alla presenza di coloro che lo Stato francese opprime, non posso che arrossire. Non posso non sentire di avere colpe di cui redimermi."

Simone Weil

"Tra colonizzatore e colonizzato, c'è spazio solo per faccende, intimidazioni, pressioni, polizia, rapine, stupri, culture obbligatorie, disprezzo, sfiducia, arroganza, sufficienza, fischi, élite decrepite, masse degradate. Nessun contatto umano, ma relazioni di dominazione e sottomissione che trasformano l'uomo colonizzante in un pedone, aiutante, babysitter, chicote; e l'uomo nativo in uno strumento di produzione. È il mio turno di chiedere un'equazione: colonizzazione = cambiamento."

Aimé Césaire

"Il neocolonialismo non è altro che una lenta e progressiva distruzione dell'emancipazione dei popoli."
Souleymane Boel

Introduzione

Molti esperti contengono che la Costa d'Avorio è l'unico paese in Africa in cui è stato utilizzato in modo più efficace uno schema ben strutturato di controllo neocoloniale francese dell'Africa, e che è molto difficile perdere la natura impermeabile di FrancAfrique in quella contea dell'Africa occidentale. Le connotazioni apparentemente negative di questi punti di vista lasciano un estraneo che si chiede se non ci sia qualcosa di vantaggioso per il paese in quell'aspetto del neocolonialismo francese. Dopo tutto, Abidjan, la più grande città ed ex capitale si distingue come una metropoli moderna in un continente che è in ritardo rispetto alle altre; alla fine della giornata, il paese è relativamente benesto rispetto ai suoi vicini; e per trent'anni dopo l'indipendenza, questa nazione dell'Africa occidentale non ha subito instabilità politica.

La Costa d'Avorio, altrimenti chiamata Costa d'Ivoire, non sperimentò alcuna instabilità politica per tre decenni a causa del suo primo presidente Félix Houphouet-Boigny che prima e dopo l'indipendenza nel 1961, fece di sé stesso e del suo paese un partner sottomesso della Francia, nazionalisti ivoriani con opinioni antifrancesi o patriottici sostengono.

Félix Houphouet-Boigny era un pragmatista, i suoi sostenitori detengono. Sapeva che la Costa d'Avorio non poteva fare a meno della Francia, e così mosse il suo paese verso una partnership con la Francia che portò allo sviluppo e alla prosperità, a differenza del suo omologo guineano Sekou Touré che ruppe ogni legame con la Francia, i suoi sostenitori detengono.

Se così fosse, come mai Laurent Gbagbo, il civico-nazionalista ivoriano e panafricano che non ha mai nascosto il suo disgusto per il neocolonialismo francese, è ato al potere dopo la fine della leggenda ivoriana? E come mai ci è dovuto prendere l'intervento militare francese per rimuovere Laurent Gbagbo dal potere?

Questo conto conciso ha lo scopo di gettare più luce sul pantano ivoriano, un vicolo cieco che riflette l'ambivalenza dell'influenza francese nel paese, nell'Africa francofona e nel resto del continente africano.

Capitolo Uno

Da sinistra a destra: Laurent Gbagbo e Alassane Ouattara

Spesso, la pace più complicata è meglio della guerra più semplice. Sia Laurent Gbagbo che Alassane Ouattara sono perdenti, ed entrambi hanno guidato il popolo ivoriano verso una strada persa. Mi dispiace per entrambi perché penso che ci sia un nucleo di bontà nelle loro anime quando si tratta dei loro desideri e del loro impegno generale per il benessere della Costa d'Avorio.

Ci sono tonnellate di lezioni da imparare dal decennale pantano ivoriano che alla fine ha portato all'umiliazione di un Gbagbo ingenuo e all'ascensione paralizzata al potere di Ouattara; uno dei quali è che l'arena del gioco di potere o della politica africana è un campo di battaglia di antiche proporzioni classiche greche, come "L'Iliade", dove i guerrieri avvolgere nella loro spavalderia, inconsapevole delle influenze esterne dei maggiori poteri (gli dei) nelle loro vittorie, sconfitte, sopravvivenze o fughe. La generazione del Movimento Studentesco Camerunese chiamato *"Parlamento"* degli anni '90, specialmente quella degli ultimi anni, soffre profondamente di quell'incomprensione, che tra le altre ragioni è il motivo per cui l'anacronistico sistema imposto dalla Francia sopravvive in Camerun. Anche per questo l'assente Paul Biya, il burattino francese che va in giro da trentotto anni come Presidente del Camerun, si tira facilmente indietro dalle false elezioni che i suoi burattinai occidentali convalidano riconoscendo i falsi risultati di queste elezioni.

Dalla debacle tra Gbagbo e Ouattara risulta evidente che la fonte della frattura tra i due deriva dal sistema imposto dalla Francia e dal loro grado di accettazione o fedeltà a questo sistema che salvaguarda l'interesse della Francia per il paese, anche al di sopra di quello della Costa d'Avorio. Questo sistema imposto dalla Francia rende Ouattara un mercenario benevolo che supervisiona la gestione della Costa d'Avorio e getta Gbagbo come qualcuno che fu inizialmente costretto ma riuscì a superare il suo complesso di inferiorità per diventare un rinnegato recalcitrante. O meglio, Ouattara si presenta come un comprador glorificato e Gbagbo come una fiamma che non può essere spenta dai suoi nemici, un marchio di fuoco la cui vittimizzazione espone ancora di più la parte inferiore dei suoi vittimizzatori.

Capitolo Due

Il dannoso coinvolgimento della Francia nella politica locale africana, soprattutto dopo aver spinto questi paesi a conflitti civili, è stato fatto impunemente. Questi coinvolgimenti sono solitamente mascherati dagli sforzi francesi per salvare vite umane in aree che controllavano in passato e garantivano pace e prosperità durante il loro dominio coloniale. In poche parole, la Francia e i successori litigiosi di Félix Houphouet-Boigny (Henri Konan Bédié, Alassane Ouattara, e il generale Gei, ecc.) videro la vittoria elettorale di Gbagbo nel 2000 come un errore inaccettabile da parte loro che aveva bisogno di essere corretto. Gli sviluppi nel paese dopo di che, direttamente o indirettamente, sono scaturito da tale concezione.

Paesi come il Camerun non saranno mai liberi a meno che la Francia non accetti l'errore dei suoi modi in un modo o nell'altro. E alcuni africani non stanno aiutando il processo di crescita, le procedure coinvolte in Francia che si tirano fuori dal suo intrappolamento nei confronti del suo rapporto sbilenco con le sue ex colonie e territori in Africa. È un dato di fatto, anche se la Francia è vista a livello internazionale, specialmente tra la comunità delle nazioni avanzate come una nazione rispettosa della legge, civilizzatrice e progressista, ha portato avanti le sue relazioni con queste nazioni francofone in modo mafioso o come una disumanizzata mafia don che opera in un clandestino modo e agire impunemente.

In poche parole, il comportamento della Francia in questi paesi africani è simile a quello di qualcuno che non si preoccupato del benessere del popolo africano. In effetti, è difficile discutere contro alcuni esperti che credono che sia assolutamente razzista e che si nutre delle menti dei bigotti che hanno la visione distorta dell'innocenza infantile o dell'ignoranza dell'africano. Queste sono persone che si diverte nella percezione delirante degli africani come un popolo incapace di costruire qualcosa di buono.

Sarebbe difficile trovare qualcuno con un'argomentazione abbastanza forte che non sia una buona idea smantellare il sistema politico ed economico che la Francia ha impiantato nelle sue ex colonie in Africa negli anni '60 prima di concedere loro l'indipendenza, alimentando così gli stabilimenti politici in quei nuovi paesi africani dove gli interessi francesi sono protetti più degli interessi di questi nuovi stati nazionali. Tale processo di abbattimento del sistema anacronistico nei diversi paesi africani, che nella loro totalità costituisce FrancAfrique, è un processo che può essere realizzato solo da autentici nazionalisti civici con la spinta rivoluzionaria, la visione panafricana e un profondo amore per il loro popolo. Questo è il motivo per cui i sostenitori della Nuova Africa dovrebbero essere rimproverati quando si dichiarano ciecamente contro quegli africani che nei loro modi dilettantistici e miopi hanno affrontato il pieno meccanismo dei poteri cospiratori (o poteri divini quando si analizzano dalla mitologia greca antica) che stanno minando il benessere dell'Africa e degli africani.

Non commenterò a fondo questo problema ivoriano. Lo affronteremo di nuovo in Camerun; e il resto dell'Africa centrale sarà attanagliato da simili inganni nei prossimi anni. Ma una cosa certa è che questo modello francese è stato applicato per quasi un secolo in Africa, motivo per cui quelli dell'establishment politico francese che dirigono e gestiscono il controllo politico ed economico dell'Africa, in particolare il sistema di controllo dell'Africa francofona (FrancAfrique) vede FrancAfrique come un modello di successo e una strategia vincente che non richiede modifiche.

Capitolo Terzo

Il compito dei sostenitori del cambiamento post-indipendenza è studiare i metodi di controllo impiegati dalle potenze straniere che tengono gli africani sotto perpetua impotenza e caos al punto che gli organizzatori del caos finiscono per sembrare i salvatori. Gli africani dovrebbero comprendere la loro storia, padroneggiare le leve del potere e sapere che la loro salvezza sta solo nel rimanere uniti e accettarsi a vicenda come indispensabili contributori a un paese e a un continente futuri, prosperi e liberi.

Lo dico con tristezza perché due giorni fa ho parlato con l'ex Zairois che oggi ha incolpato Lumumba del deplorevole Stato della Repubblica Democratica del Congo, accusandolo di portare il Congo all'indipendenza quando non erano pronti, di portare Mobuto al potere e di non condividere la sua visione con gli altri politici. È come incolpare Gesù Cristo per il suo tradimento da parte di Giuda. E il Congo, il cuore malato dell'Africa si troverà intrappolato per l'eternità nell'incomprensione se non si riconcilia con la sua storia paralizzante inflitta alla nazione infantile dalle potenze che hanno tracciato l'estromissione e la morte di Lumumba.

Allo stesso modo, in un discorso a tre con un professore olandese ad Amsterdam nel 2003, un connazionale ha sostenuto con forza che non c'è mai stata una guerra in Camerun, che non sono stati compiuti massacri da parte delle forze francesi e ahidjo, che Biya è un grande leader e che il Camerun stava andando alla grande, motivo per cui sta meglio della maggior parte dei paesi africani. Un paradiso da idioti l'ho chiamato. O era afferrato dalla *Sindrome di Potemkin* all'epoca? Solo dopo che il giovane ha letto Triple Agent, Double Cross in seguito , non fino a quando non ha suscitato lasua curiosità e solo dopo aver fatto alcune sue ricerche, si è lamentato del grado di lavaggio del cervello a cui lui e la maggior parte dei camerunensi erano stati sottoposti. Stava ancora subendo gli effetti del lavaggio del cervello che ha subito in Camerun, anche mentre studiava e viveva nel paese più liberale d'Europa.

Gli africani devono emanciparsi dalla schiavitù mentale che ha ancora la maggior parte dell'Africa intrappolata nell'incomprensione e che soffre di mancanza di senso dell'orientamento. I fortunati, specialmente quelli della Diaspora, dovrebbero guidare lo sforzo di emancipazione.

13 Aprile 2011   *Janvier Tchouteu*